FRAGMENTS,

COMPÓSÉS DE L'ACTE
DE BACCHUS ET HÉGÉMONE,
ENTRÉE DES AMOURS DE TEMPÉ,
DE L'ACTE DE LA FEMME,
TROISIEME ENTRÉE
DES FÊTES DE THALIE,
ET DU DEVIN DU VILLAGE,

Intermede en un Acte.

REPRÉSENTÉS
PAR L'ACADÉMIE-ROYALE
DE MUSIQUE,
Le Mardi 13, & le Vendredi 23 Août 1765.

PRIX XXX. SOLS.

AUX DÉPENS DE L'ACADÉMIE.
A PARIS, Chés DE LORMEL, Imprimeur de ladite Académie, rue
du Foin, à l'Image Sainte Genevieve.

On trouvera des Livres de Paroles à la Salle de l'Opera.

M. DCC. LXV.
AVEC APPROBATION ET PRIVILEGE DU ROI.

BACCHUS

ET

HÉGÉMONE,

BALLET EN UN ACTE.

La Musique est de M. D**AUVERGNE**, *Surintendant*
de la Musique du Roi.

ACTEURS CHANTANTS.

BACCHUS,   M. Legros.

HÉGÉMONE, *Prêtresse de*
l'Amour ,   M^{de}. Larrivée.

SILENE,   M. Durand.

SATIRES, ÉGIPANS, BACCHANTES,
PEUPLES *de Tempé.*

PERSONNAGES DANSANTS.

EGIPANS & BACCHANTES.

M. Leger, Mlle. Justine, M. Rogier.

M^rs. Trupti, Riviere, Lani, 1., Fay, Leroi,
Lieſſe, Lani, 2., Langlois.

Mlles. Demiré, Gaudot, Grandi, Darci, Contat,
Mimi, Hugues, Dauvilliers.

PASTRES & PASTOURELLES.

M. Dauberval, Mlle. Allard.

M^rs. Gougi, Doſſion, Deſpreaux, Giguet.

Mlle. Villette, Lahaie, Cornu, Vernier.

BACCHUS ET HÉGÉMONE,
BALLET EN UN ACTE.

Le Théâtre repréfente un Bocage agréable de la Vallée de Tempé.

SCENE PREMIERE.

BACCHUS & *fa fuite*, SILENE.

BACCHUS.

DE Tempé calmés les allarmes ;
Peuples qui me fuivés, fecondés mes defirs.
Sous ces mirthes fleuris ; quittés, quittés vos ar-
mes ;
Annoncés mes bienfaits par la voix des plaifirs.

SCÊNE II.

BACCHUS, *seul.*

REgne Amour, regne fur la terre !
J'ai foûmis l'univers, tu trïomphes de moi :
Le fils du Dieu puiffant qui lance le tonnerre
   T'adore & n'implore que toi.

Dans ces paifibles bois, confacrés au miftere,
Ai-je vu, Dieu charmant, ta prêtreffe ou ta me-
re ?...
O Ciel ! je la revois... c'eft elle... que d'ap-
pas !...
   Mais il faut me contraindre encore.
Que tout lui parle ici d'un amant, qui l'adore,
Et du pouvoir d'un Dieu, qu'elle ne connoît pas.

SCÊNE

SCÈNE III.

HÉGÉMONE, *seule.*

VOle de victoire en victoire,
    Amour, n'épargne que mon cœur.
Des chaînes des amants je chante le bonheur ;
    Mais je le chante fans le croire.

Ne puis-je à tes autels conferver ma fierté ?
    Tes traits n'ont point bleffé les Grâces.
Tu vois, fans la troubler, leur aimable gaîté,
    Et les Jeux, qui fuivent tes traces,
    Gardent encor leur liberté.

    Vole de victoire en victoire,
      Amour, n'épargne que mon cœur.
Des chaînes des amants je chante le bonheur ;
      Mais je le chante fans le croire.

Je me déguife en vain mes fentiments fecrèts.
Pour ce jeune Étranger, dont la voix eft fi tendre,
Mon cœur.... De le revoir je faurai me défendre :
Un inftant de bonheur coûte trop de regrèts.
                    (*On entend un prélude.*)

Dieux ! quels fons inconnus !...

                    B

SCÊNE IV.

SILENE, ÉGIPANS, SATIRES, BACCHANTES, HÉGÉMONE.

LE CHŒUR.

QUe mille chants divers
Éclatent & percent les airs :
Qu'ils troublent le repos du féjour du tonnerre.
Échos, éveillés-vous, répétés nos concerts ;
Annoncés un Maître à la terre.

SILENE, à HÉGÉMONE.

Cette troupe, toûjours rïante,
Partage les tranfports du dieu qui la conduit :
Il foûpire pour vous, votre beauté l'enchante ;
Vous rendés encor plus brillante
La vive gaîté qui le fuit.

(On danfe.)

SILENE, à HÉGÉMONE.

Dans le bel âge
Faites ufage
De jours
Trop courts.

Dans le bel âge,
Heureux qui s'engage
Avec les Amours.

LE CHŒUR.

Dans le bel âge, &c.

SILENE.

Dans la vieilleſſe
Les moments ſont chers, le tems prèſſe;
Mais la vie en a plus d'appas.
Qu'une vive gaîté retienne ſur vos pas
Les jeux rïants de la jeuneſſe.
Jouïſſés comme moi : je ne me ſouviens pas
D'un inſtant de triſteſſe.

SILENE & le CHŒUR.

Dans le bel âge, &c.

(*On danſe.*)

SILENE & le CHŒUR.

Charmant délire,
Douce fureur,
Non, la raiſon n'eſt qu'une erreur;
Tu ne peux trop-tôt la détruire :
Ton trïomphe eſt notre bonheur.

Charmant délire,
Douce fureur,

B ij

Un Dieu te reſſent & t'inſpire :
Entraîne, enchante notre cœur ;
Enflâme tout ce qui reſpire !

HÉGÉMONE.

Ah, quels tranſports tumultueux !...
O Ciel ! que deviens-je moi-même ?

(On danſe.)

HÉGÉMONE.

Arrêtés ....

SCÈNE V.

BACCHUS & les *Acteurs de la Scêne*
précédente.

BACCHUS.

Suſpendés vos jeux,
Allés : que ſes deſirs ſoient votre loi ſuprême.

(La ſuite de BACCHUS ſe retire.)

SCÈNE VI.

BACCHUS & HÉGÉMONE.

BACCHUS.

VOus triomphés d'un cœur, libre jusqu'à ce
        jour :
    Jouïssés de votre victoire.
Je viens, avec transport , mettre aux piés de
    l'Amour
        Tout ce que j'ai fait pour la Gloire.

HÉGÉMONE.

J'entends , sans m'allarmer , ce langage flateur :
Plus de trouble accompagne une flâme sincere.
En demandant des fers, vous parlés en vainqueur :
    Vous n'aimés pas ; vous croyés plaire.

BACCHUS.

    Ah ! jugés mieux de ma sincérité.
L'instant où vos beaux yeux m'ont forcé de me
    rendre ,
Est le premier instant de ma félicité :
Je vous immolerois encor ma liberté,
    Si mon cœur pouvoit la reprendre.

Les jeux, les ris fuivent vos pas:
La gaîté brille-t-elle où regne la tendreffe ?
Les plus heureux amants, qu'à Tempé l'Amour
  bleffe,
    De leurs fers murmurent tout bas.
Je vois à fes autels leurs pleurs & leur trifteffe:
    Qui d'eux, ou de vous, n'aime pas?

B A C C H U S.

Ne peut-on bien aimer fans répandre des larmes?

Mille tendres oifeaux, fous ces ombrages frais
Chantent tous de l'Amour les faveurs & les charmes:
Leurs cœurs s'ouvrent, fans crainte, au-devant de
  fes armes,
    La joie y vole avec fes traits.

    Un fort fi charmant nous convie
    A n'imiter qu'eux en aimant.
    Eh! pourquoi fe faire un tourment.
    Du plus doux plaifir de la vie?

H É G É M O N E, *à part.*

Quel charme!... Ah, que mon cœur réfifte foiblement!
Fuyons..

Que vois-je ? ô Ciel , vous craignés de
   m'entendre !

HÉGÉMONE.

J'en connois le danger , j'aurois dû le prevoir.

BACCHUS.

Fuîrés-vous l'amant le plus tendre !

HÉGÉMONE, *à part.*

Il falloit ne le pas revoir.

BACCHUS.

Ah , parlés ! quel fort dois-je attendre ?
Voulés-vous me ravir , hélas ! jufqu'à l'efpoir ?

HÉGÉMONE.

Peut-être je le dois ;.. mais puis-je le vouloir ?

De l'Amour je craignois les chaînes ,
Je craignois la langeur des plus heureux foûpirs.
   Eh ! comment penfer à fes peines ?
Il ne s'offre, avec vous, qu'entouré de plaifirs.

BACCHUS.

Il redouble ma flâme en comblant mes defirs.

BACCHUS & HÉGÉMONE.

Que dans le fein des jeux , l'ardeur qui nous inf-
  pire
   S'enflâme à chaque inftant du jour.

Songés que le plus tendre Amour,
Doit toûjours folâtrer & rire.

BACCHUS.

Le bonheur m'attendoit fous votre aimable empire.
C'eft Bacchus, c'eft un Dieu qui fixe ici fa cour.

Que ces côteaux rïants de mes dons s'enrichiffent.
Doux Nectar, jus divin, coûlés dans ces valons :
Que ces campagnes retentiffent
De mille nouvelles Chanfons.

(*Le fond du Théâtre change & repréfente des côteaux
enrichis des Dons de Bacchus.*)

SCÊNE

SCÈNE DERNIERE.

HÉGÉMONE, BACCHUS;

Suite de BACCHUS, *Habitants de Tempé.*

BACCHUS & HÉGÉMONE,
avec le Chœur.

Chantés } le Dieu de la tendreſſe.
Chantons

Chantés } le Dieu de la gaîté.
Chantons

Aimons toûjours, rions ſans-ceſſe ;
   Jamais de triſteſſe,
   Plus de liberté.

(On danſe.)

BACCHUS.

Verſe, Amour, le jus de la treille,
Et que Bacchus lance tes traits :
   Au feu dont brillent nos attraits,
   Que tout s'enflâme & ſe réveille.
Chantés, Amants, chantés cette liqueur vermeille,
   En chantant l'objet de vos vœux :
   Au milieu des ris & des jeux,

C

Qu'un buveur foit plus tendre, & jamais ne fom-
meille.

> Verfe, Amour, le jus de la treille,
> Et que Bacchus lance tes traits :
> Au feu dont brillent nos attraits
> Que tout s'enflâme & fe réveille.

(*Cet Acte eft terminé par un Divertiffement général.*)

F I N.

APPROBATION.

J Ai lu, par ordre de Monfeigneur le Vice-Chancelier, une réim-
preffion du Ballet intitulé *Bacchus & Hégémone.* A Paris, ce
17 Août 1765.

DEMONCRIF.

LA FEMME.

TROISIEME ENTRÉE

des *Fétes de Thalie.*

ACTEURS CHANTANTS.

CALISTE, *femme de Dorante*,   M^de. l'Arrivée.

DORINE, *femme de Zerbin*,   Mlle. Durancy.

DORANTE, *époux de Caliste*,   M^r. l'Arrivée.

ZERBIN, *époux de Dorine*.   M^r. Durand.

PERSONNAGES DANSANTS.

LE BAL.

MASQUES.

M^de. GÉLIN.

M. VESTRIS, Mlle. VESTRIS.

POLICHINELLE,	M. Fay.	DAME GIGOGNE,	Mlle. Pagès.
ARLEQUIN,	M. Béate.	ARLEQUINE,	Mlle. Vernier.
VÉNITIEN,	M. Trupti.	VÉNITIENNE,	Mlle. St Martin.
MÉZETIN,	M. Allard.	MÉZETINE,	Mlle. Adélaïde.
SCARAMOUCHE,	M. Riviere.	SCARAMOUCHETTE,	Mlle. Gaudot.
PIERROT,	M. Léger.	PIERRETTE,	Mlle. Petitot.
ESPAGNOLS,	{ M. Lani, 1. / M. Lani, 2.	ESPAGNOLETTES,	{ Mlle. Siane. / Mlle. Dorothée.
FRANÇAIS en Dominos,	{ M. Henri. / M. Rivet.	FRANÇAISES en Dominos,	{ Mlle. Julie. / Mlle. Mimi.

LA FEMME.

SCENE PREMIERE.

CALISTE seule, un masque à la main.

AMOUR, charmant vainqueur,
Que ton empire a de douceur,
Lorsqu'on ne craint point de rivale !

Sans partage aujourd'hui je regne dans un cœur,
Qui croit brûler d'une infidele ardeur :
O douceur sans égale !

Amour, charmant vainqueur,
Que ton empire a de douceur,
Lorsqu'on ne craint point de rivale !

SCÈNE II.

CALISTE, DORINE.

DORINE.

ON fait à vos appas une offense mortelle,
　　Voyés cet appareil pompeux ;
Votre époux, qui vous croit absente de ces lieux,
　　Votre époux infidele
Prépare cette fête à l'objet de ses feux.

CALISTE.

Je ris de son amour, comme de ta colere.

DORINE.

Souffrir sa trahison , & la voir de si près !
Vengés-vous de l'objet que l'ingrat vous préfere.

CALISTE.

　　Je ne me vengerai jamais
　　D'une rivale qui m'est chere.

Vois l'objet dont son cœur adore les attraits.
Dans un bal , l'autre jour, l'Amour fit ce miracle :
　　Le masque lui cachoit mes traits ;
Ses desirs curieux s'irritoient de l'obstacle :

Je

Je le quittai timide…. inquïet…. amoureux :
Je lui promis dans peu de m'offrir à ſa vue ;
Et c'eſt pour découvrir enfin ſon inconnue ,
  Qu'il a fait préparer ces jeux.

D O R I N E.

  Voilà les hommes.
D'un bien que l'on poſſede oublïer les appas ,
  C'eſt la mode au ſiecle où nous ſommes ;
  On veut un bien que l'on n'a pas :
   Voilà les hommes.

C A L I S T E & D O R I N E.

Quand l'Himen aux amants vient préſenter ſes chaî-
nes ,
  L'Amour s'envole, pour‑jamais ,
  Et nous perdons tous nos attraits,
  En cèſſant d'être ſouveraines.

C A L I S T E.

Mon époux vient… Allons, ſous ce maſque trom‑
peur ,
  Jouïr encor de ſon erreur.

C

SCÈNE III.

DORANTE, ZERBIN.

ZERBIN.

Votre épouse est partie, elle est loin de la ville,
Et vous voilà le maître pour deux jours.

DORANTE.

Zerbin, que je suis peu tranquille !
C'est ici que j'attends l'objet de mes amours.
Je vais donc voir les traits de celle qui m'enchante !
J'ai peine à retenir ma joie impatiente.

ZERBIN.

Pourquoi faire à Caliste une infidélité ?
Quel caprice est le vôtre ?
Époux d'une rare beauté,
Pouvés-vous en aimer une autre ?

DORANTE.

Caliste mérite mes soins,
A regret mon cœur est volage ;

Je fens que je ne puis l'eftimer davantage ;
Mais je fens, malgré moi, que mon cœur l'aime
moins.

Z E R B I N.

Vaut-elle moins que l'inconnue ?

D O R A N T E.

Quelle différence ! ah, grands Dieux !
Par un charme fecret mon âme fut émue,
Oui, toutes fes beautés s'expliquoient par fes yeux ;
Mais fes traits, dans ce jour, vont s'offrir à ma vue,
Et l'Amour va remplir mes defirs curïeux.

Z E R B I N.

Démafquer ce qui nous fait plaire,
C'eft s'expôfer au repentir.

Il eft dangereux de fortir
D'une erreur qui nous eft chere.

Démafquer ce qui nous fait plaire,
C'eft s'expôfer au repentir.

C ij

(*CALISTE & DORINE , paroiſſent maſquées.*)

DORANTE , appercevant ſon inconnue.

La vois-tu ? Quels attraits ! … Caliſte eſt moins aimable.

ZERBIN , la conſidérant.

Je crois à ſes appas le maſque favorable.

SCÊNE IV.

CALISTE, DORINE, *masquées,*

DORANTE, ZERBIN, *Troupes de Masques.*

CHŒUR *des Masques.*

CHantons, dansons, accourons-tous,
Que chacun fasse sa conquête ;
Goûtons les plaisirs les plus doux ,
Et que l'Amour soit de la fête.

DORANTE, *à* CALISTE.

Charmant objet de mon amour ,
Vous faites seule ici l'ornement de la fête ;
Vénus & sa brillante cour
Embelliroient moins ce séjour.
Prenés part à ces jeux, que l'Amour vous apprête.

(*Les Masques dansent.*)

DORINE, *masquée.*

J'apperçois Zerbin , mon époux :
Il ne me connoît pas.... parlons, approchons-nous;

Voyons ſi l'exemple du maître
N'en a point fait un ſecond traître.
(*à* Z E R B I N.)
Vous ſemblés éviter mes pas.

Z E R B I N.

Qui, moi? j'ai d'autres ſoins en tête

D O R I N E, *maſquée.*

Peut-être cherchés-vous ici quelque conquête

Z E R B I N.

Vous ne vous y connoiſſés pas

D O R I N E.

Mais dans un bal que venés-vous donc faire?

Z E R B I N.

J'accompagne un maître amoureux.

D O R I N E.

Et vous, rien ne peut vous y plaire?

Z E R B I N.

Le ſexe, dès long-tems, me rend trop malheureux.

D O R I N E.

Aimeriés-vous quelque inhumaine?

Z E R B I N.

Quoi, fuis-je fait pour les rigeurs?

D O R I N E.

Eſt-il rien de plus doux qu'Amour & ſes faveurs?

Z E R B I N.

Eſt-il rien de plus dur que l'Himen & ſa chaîne?

D O R I N E.

Et pourquoi de l'himen déteſtés-vous les loix?

Z E R B I N.

De ſes fers je ſens trop le poids.

D O R I N E.

Quels deffauts a donc votre épouſe;

Z E R B I N.

Elle eſt biſârre, incommode, jalouſe;
Elle ma dégoûté de ſon ſexe trompeur;
　　Peut-être feriés-vous comme elle.
Je la déteſte.... &, grâce à ſa mauvaiſe humeur,
　　Je lui ferai toujours fidele.

(*On recommence le divertiſſement.*)
(*D o r a n t e donne la main à C a l i s t e, & la
conduit ſur le devant du Théâtre.*)

DORANTE, à *CALISTE* masquée.

Vous connoissés mon cœur , accordés à mes yeux
Le bonheur d'admirer vos charmes.

CALISTE, masquée.

Ne me voyés jamais , vous m'en aimerés mieux.

DORANTE.

Quels discours ! quels soupçons ! qu'ils me caûsent
d'allarmes !

CALISTE.

Je veux votre bonheur.

DORANTE.

En est-il sans vous voir ?

CALISTE.

Si j'accorde à vos yeux un si foible avantage ,
Mes charmes perdront leur pouvoir.
A vous cacher mes traits l'amour même m'engage ,
Et m'en impôse le devoir.

DORANTE.

L'Amour est offensé de tant de résistance.

CALISTE.

Je dois craindre votre inconstance.

DORANTE.

Ah ! permettés qu'à vos genoux

JE

LA FEMME.

Je calme ces vaines allarmes;
L'Amour fait mon devoir de céder à vos charmes;
Et me dit en secret qu'il faut n'aimer que vous.

CALISTE.

Ne portés-vous point d'autres chaîne?
Aucun objet n'a-t-il pu vous charmer?

DORANTE.

Vous êtes de mon cœur maîtresse souveraine.

CALISTE.

D'autres que moi, peut-être, ont su vous enflâmer.

DORANTE.

Quel autre objet que vous pourroit jamais me
plaire?

CALISTE.

Mais quoi, n'avés-vous point de reproche à vous
faire?

DORAN E, *à part.*

Dieux! sauroit-elle mes liens?

CALISTE.

Vous vous troublés.

DORANTE.

O Ciel!

D

CALISTE.

Quelle est une Caliste ;
Dont les attraits, peut-être, effacent tous les miens ?

DORANTE, *un peu déconcerté.*

Caliste , dites-vous ?

CALISTE.

Quoi ! ce nom vous attriste ?
Vous semblés interdit ? ... Vous l'aimés... je le voi.

DORANTE.

Non, je n'aime que vous ; je m'en fais une loi.

CALISTE.

Vous me trompés.... elle regne en votre âme.

DORANTE.

Il est vrai, je l'aimai, je ne m'en défends pas ;
Mais ne m'accusés point d'avoir éteint ma flâme,
C'est un crime de vos appas.

CALISTE.

Mais auprès d'elle enfin si l'Amour vous rappelle ?

DORANTE.

L'Amour vous fait trïompher d'elle.

CALISTE.

Pourrés - vous l'oublïer ?

DORANTE.

Oui , je vous le promèts.

C A L I S T E.

Vous ne l'aimerés plus ?

D O R A N T E.

Non.

C A L I S T E.

Quoi, jamais?

D O R A N T E.

Jamais.

(*C A L I S T E & D O R I N E se démafquent.*)

Z E R B I N.

Jufte Ciel ! quel trouble eft le nôtre !

D O R A N T E, *d'un air riant, fans fe troubler.*

Califte, je fuis trop heureux,

L'Amour nous contente tous deux.

Rivale de vous-même, & fans en craindre d'autre,

L'Amour, après l'Himen, veut refferrer nos nœuds.

C A L I S T E.

Votre caprice eft digne qu'on l'admire,

Et je pourrois m'en irriter :

Mais je dois vous imiter,

Et, comme vous, j'en veux rire.

C A L I S T E & D O R A N T E.

Tendre Amour, dans nos cœurs lance de nouveaux

feux ;

L'Himen, fans ton fecours, ne peut nous rendre

heureux.   (*On danfe.*)

C A L I S T E.

Amour ! remporte la victoire,
Regne fur nous, charmant vainqueur,
Tu ne peux fonger à ta gloire,
Sans fonger à notre bonheur

(On danfe.)

L E C H Œ U R.

Goûtons de doux amufements,
Le bal offre des plaifirs charmants :
Tout plaît, tout contente,
Tout rit, tout enchante ;
Les plus doux plaifirs
Comblent nos defirs.

(On danfe.)

L E C H Œ U R.

Pour trïompher de tous les cœurs,
L'Amour prend ici fes traits vainqueurs :

Tout plaît, tout contente,
Tout rit, tout enchante ;
Les plus doux plaifirs
Comblent nos defirs.

F I N de cette Entrée.

LE DEVIN DU VILLAGE,

INTERMEDE,

REPRÉSENTÉ A FONTAINEBLEAU

DEVANT LE ROI,

Les 18 & 24 Octobre 1752. & à PARIS,

PAR L'ACADÉMIE ROYALE

DE MUSIQUE,

POUR LA PREMIERE FOIS,

Le Jeudi premier Mars 1753.

Les Paroles & la Musique sont de M. J. J. ROUSSEAU.

ACTEURS.

C O L I N.	M. Legros.
C O L E T T E.	Mlle. Duranci.
LE DEVIN.	M. Gélin.

TROUPE DE JEUNES GENS DU VILLAGE,

PASTRES & PASTOURELLES.

PERSONNAGES DANSANTS.
GARÇONS & FILLES DU VILLAGE.

M. GARDEL, Mlle. GUIMARD.

M^{rs}. Dubois, Rogier, Leroi, Fay, Lieſſe, Allard.

M^{elles}. Demiré Bâſſe, S. Martin, Petitot, Gaudot,
Larie.

PASTRES & PASTOURELLES.

M. LANI, Mlle. ALLARD.

M. D'AUBERVAL, M^e. PESLIN.

M^{rs}. Béate, Cezeron, Gougi, Doſſion, Martinet,
Deſpréaux.

M^{elles}. Villette, Lahaie, Buard, Grandi, Cornu,
Dauvilliers.

LE DEVIN
DU VILLAGE,
INTERMEDE.

Le Théâtre repréfente un Hameau dans un Payfage agréable : on voit dans le fond un Château.

SCENE PREMIERE.

COLETTE, *foûpirant & s'effuyant les yeux de fon tablier.*

J'A i perdu tout mon bonheur ;
Jaiperdu mon ferviteur ;
Colin me délaiffe.

Hélas, il a pu changer!
Je voudrois n'y plus songer:
J'y songe sans-cèsse.

J'ai perdu mon serviteur;
J'ai perdu tout mon bonheur;
Colin me délaisse.

Il m'aimoit autrefois, & ce fut mon malheur.
Mais quelle est donc celle qu'il me préfere!
Elle est donc bien charmante! Imprudente bergere,
Ne crains-tu point les maux que j'éprouve en ce jour?
Colin m'a pu changer; tu peux avoir ton tour.

Que me sert d'y rêver sans-cèsse?
Rien ne peut guérir mon amour,
Et tout augmente ma tristesse.

J'ai perdu mon serviteur;
J'ai perdu tout mon bonheur;
Colin me délaisse.

Je veux le haïr.... je le dois....
Peut-être il m'aime encor... Pourquoi me fuir sans-
cèsse?

Il me cherchoit tant autrefois.

Le Devin du Canton fait ici sa demeure;
Il fait tout; il saura le sort de mon amour:
Je le vois, & je veux m'éclaircir en ce jour.

SCÊNE II.

LE DEVIN, COLETTE.

*(Tandis que le Devin s'avance gravement, Colette
compte dans sa main de la monnoie ; puis elle la
plie dans un papier & la présente au Devin, après
avoir un peu hésité à l'aborder.)*

COLETTE, *d'un air timide.*

Perdrai-je Colin sans retour ?
Dites-moi s'il faut que je meure ?

LE DEVIN *gravement.*

Je lis dans votre cœur, & j'ai lu dans le sien.

COLETTE.

O Dieux !

LE DEVIN.

Modérés-vous.

COLETTE.

Eh bien ?

Colin......

LE DEVIN.

Vous est infidele.

COLETTE.

Je me meurs.

LE DEVIN.

Et pourtant, il vous aime toûjours.

COLETTE, *vivement.*

Que dites-vous ?

LE DEVIN.

Plus adroite, & moins belle,
La Dame de ces lieux....

COLETTE.

Il me quitte pour elle !

LE DEVIN.

Je vous l'ai déja dit, il vous aime toûjours.

COLETTE, *triſtement.*

Et toûjours il me fuit !

LE DEVIN.

Comptés ſur mon ſecours.

Je prétends à vos piés ramener le volage.
Colin veut être brave, il aime à ſe parer :
Sa vanité vous a fait un outrage
Que ſon amour doit réparer.

COLETTE.

Si des galants de la ville
J'euſſe écouté les diſcours,
Ah, qu'il m'eut été facile
De former d'autres amours !

Miſe en riche demoiſelle,
Je brillerois tous les jours ;
De rubans & de dentelle
Je chargerois mes atours.

Pour l'amour de l'infidele
J'ai refuſé mon bonheur,
J'aimois mieux être moins belle
Et lui conſerver mon cœur.

LE DEVIN.

Je vous rendrai le ſien, ce ſera mon ouvrage;
Vous, à le mieux garder appliqués tous vos ſoins ;
   Pour vous faire aimer d'avantage,
   Feignés d'aimer un peu moins.

L'Amour croît, s'il s'inquïette,
Il s'endort, s'il eſt content :
La bergere un peu coquette
Rend le berger plus conſtant.

B

C O L E T T E.

A vos sages leçons Colette s'abandonne.

L E D E V I N.

Avec Colin prenés un autre ton.

C O L E T T E.

Je feindrai d'imiter l'exemple qu'il me donne.

L E D E V I N.

Ne l'imités pas tout de bon ;
Mais qu'il ne puisse le connoître.
Mon art m'apprend qu'il va paroître :
Je vous appellerai quand il en sera tems.

SCÊNE III.
LE DEVIN, *seul.*

J'Ai tout su de Colin, & ces pauvres enfants
Admirent tous les deux la scïence profonde
Qui me fait deviner tout ce qu'il m'ont appris.
Leur amour à propos en ce jour me seconde;
En les rendant heureux, il faut que je confonde
De la Dame du lieu les airs & les mépris.

SCÊNE IV.
LE DEVIN, COLIN,
COLIN.

L'Amour & vos leçons m'ont enfin rendu sage,
Je préfere Colette a des biens superflus:
    Je sus lui plaire en habit de village;
Sous un habit doré qu'obtiendrois-je de plus?

LE DEVIN.
Colin il n'est plus tems, & Colette t'oublie.
COLIN.
Elle m'oublie, o Ciel! Colette a pu changer,

LE DEVIN.

Elle eſt femme , jeune & jolie ;
Manqueroit - elle à ſe venger ?

COLIN.

Non , Colette n'eſt point trompeuſe ;
Elle m'a promis ſa foi :
Peut - elle être l'Amoureuſe
D'un autre berger que moi ?

LE DEVIN.

Ce n'eſt point un berger quelle préfére à toi ,
C'eſt un beau Monſieur de la ville.

COLIN.

Qui vous l'a dit ?

LE DEVIN, avec emphâſe.

Mon Art.

COLIN.

Je n'en ſaurois douter.

Hélas qu'il m'en va couter
Pour avoir été trop facile !
Aurois - je donc perdu Colette ſans retour ?

LE DEVIN.

On ſert mal à la fois la Fortune & l'Amour.
D'être ſi beau garçon quelquefois il en coûte.

C O L I N.

De grace, apprenés moi le moyen d'éviter
Le coup affreux que je redoute.

L E   D E V I N.

Laisse - moi seul un moment consulter.

(*Le Devin tire de sa poche un livre de grimoire & un*
petit bâton de Jacob, avec lesquels il fait un charme.)

L E   D E V I N.

Le charme est fait. Colette en ce lieu va se rendre;
Il faut ici l'attendre.

C O L I N.

A l'appaiser pourrai - je parvenir?
Hélas! voudra-t-elle m'entendre?

L E   D E V I N.

Avec un cœur fidele & tendre
On a droit de tout obtenir.

(*à part, en s'en allant.*)
Sur ce qu'elle doit dire allons la prévenir.

SCÈNE V.
COLIN, *seul.*

JE vais revoir ma charmante maîtresse !
  A dieu châteaux, grandeurs, richesse,
Votre éclat ne me tente plus ;
Si mes pleurs, mes soins assidus
Peuvent toucher ce que j'adore,
Je vous verrai renaître encore
Doux moments que j'ai perdus.

Quand on sait aimer & plaire
A-t-on besoin d'autre bien ?
Rend - moi ton cœur, ma bergere,
Colin t'a rendu le sien.

Mon chalumeau, ma houlette
Soyés mes seules grandeurs ;
Ma parure est ma Colette,
Mes trésors sont ses faveurs.

Que de Seigneurs d'importance
Voudroient bien avoir sa foi !
Malgré toute leur puissance,
Ils sont moins heureux que moi.

SCÊNE VI.

COLIN, COLETTE, *parée.*

C O L I N, à part.

Je l'apperçois... Je tremble en m'offrant à ſa vue...
.... Sauvons - nous.... Je la perds ſi je fuis....

C O L E T T E, à part.

Il me voit...... Que je ſuis émue !
Le cœur me bat.....

C O L I N, à part.

Je ne ſais où j'en ſuis

C O L E T T E, à part.

Trop près, ſans y ſonger, je me ſuis approchée.

C O L I N, à part.

Je ne puis m'en dédire, il la faut aborder.

*(A Colette d'un ton radouci, & d'un air
moitié riant, moitié embaraſſé.)*

Ma Colette.... êtes vous fâchée ?
Je ſuis Colin : daignés me regarder.

C O L E T T E.

Colin m'aimoit ; Colin m'étoit fidele :
Je vous regarde, & ne vois plus Colin.

C O L I N.

Mon cœur n'a point changé ; mon erreur, trop
    cruëlle ,
Venoit d'un fort, jetté par quelque efprit malin :
Le Devin l'a détruit ; je fuis, malgré l'envie,
    Toûjours Colin, toûjours plus amoureux.

C O L E T T E.

Par un fort , à mon tour, je me fens pourfuivie.
Le Devin n'y peut rien.

C O L I N.

        Que je fuis malheureux !

C O L E T T E.

D'un amant plus conftant....

C O L I N.

        Ah ! de ma mort fuivie

Votre infidelité....

C O L E T T E.

        Vos foins font fuperflus ;

Non, Colin, je ne t'aime plus.

C O L I N.

Ta foi ne m'eft point ravie ;
Non, confulte mieux ton cœur :
Toi-même, en m'ôtant la vie,
Tu perdrois tout ton bonheur.

COLETTE.

(*à part*) (*à Colin.*)

Hélas ! Non vous m'avés trahie ,
Vos foins font fuperflus,
Non , Colin, je ne t'aime plus.

COLIN.

C'en eft donc fait ; vous voulés que je meure ;
Et je vais , pour - jamais , m'éloigner du hameau.
COLETTE , *rappellant Colin , qui s'éloigne lentement.*
Colin ?

COLIN.

Quoi ?

COLETTE.

Tu me fuis !

COLIN.

Faut - il que je demeure ,
Pour vous voir un amant nouveau ?

COLETTE.

Tant qu'à mon Colin j'ai fu plaire ,
Mon fort combloit mes defirs.

COLIN.

Quand je plaifois à ma bergere ,
Je vivois dans les plaifirs.

C

COLETTE.

Depuis que fon cœur me méprife,
Un autre a gâgné le mien.

COLIN.

'Après le doux nœud quelle brîfe,
Seroit - il un autre bien ?

(*D'un ton pénétré.*)
Ma Colette fe dégage !

COLETTE.

Je crains un amant volage.

ENSEMBLE.

Je me dégage, à mon tour.
Mon cœur, dcvenu paifible,
Oubliera, s'il eft poffible,

Que tu lui fus { cher un jour. { chere

COLIN.

Quelque bonheur qu'on me promette
Dans les nœuds qui me font offerts,
J'euffe encor préferé Colette
A tous les biens de l'univers.

COLETTE.

Quoiqu'un Seigneur, jeune, aimable,
Me parle aujourd'hui d'amour,

Colin m'eût semblé préférable
A tout l'éclat de la Cour.

COLIN, *tendrement.*

Ah, Colette !

COLETTE, *avec un soûpir.*

Ah, berger volage !
Faut - il t'aimer, malgré moi ?

(Colin se jette aux piés de Colette : elle lui fait remarquer à son chapeau un ruban, fort riche, qu'il a reçu de la Dame : Colin le jette avec dédain. Colette lui en donne un plus simple, dont elle étoit parée, & qu'il reçoit avec transport.)

ENSEMBLE.

A-jamais, Colin, { je t'engage
                 { t'engage

{ Mon   { ma
         cœur &   foi,
{ Son   { sa

Qu'un doux mariage
M'unisse avec toi.
Aimons toûjours sans partage
Que l'Amour soit notre loi.
A - jamais, &c.

SCÊNE VII.

LE DEVIN, COLIN, COLETTE.

LE DEVIN.

JE vous ai délivrés d'un cruël maléfice ;
Vous vous aimés encor , malgré les envïeux.

COLIN.

(*Ils offrent chacun un préfent au Devin.*)
Quel don pourroit jamais payer un tel fervice ?

LE DEVIN, recevant des deux mains.

Je fuis affés payé, fi vous êtes heureux.
Venés, jeunes Garçons, venés, aimables filles,
  Raffembés - vous, venés les imiter ;
Venés, galants bergers, venés, beautés gentilles,
En chantant leur bonheur , apprendre à le goûter.

SCÈNE DERNIERE.
LE DEVIN, COLIN, COLETTE;
GARÇONS & FILLES *du Village*;
PASTRES ET PASTOURELLES.

On danse.

CHŒUR.

Chantons, chantons le Dieu qui regne en nos
   hameaux :
Il enchaîne à-jamais Colin & sa Colette.
Pour célébrer sa gloire & leur ardeur parfaite
   Joignons nos voix au son des chalumeaux.

On danse.

COLETTE.

On voit encor des cœurs fideles,
Quoique leurs desirs soient contents;
On voit des ardeurs éternelles,
Comme il en fut aux premiers tems :
Est - ce à la cour, ou dans les villes?
Non, ce n'est que dans nos asiles
   Que les amants sont constants.

COLIN.

Auprès d'une jeune bergere
Il suffit de savoir aimer :

Le seul amour est nécessaire
Pour la contraindre à s'enflâmer.
Est - ce à la cour, ou dans les villes ?
Non , ce n'est que dans nos asiles
Qu'un tendre amant sait charmer.

(On danse.)

C O L I N.

Dans ma cabane obscure
Toûjours soucis nouveaux ;
Vent, soleil, ou froidure,
Toûjours peine & travaux.
Colette, ma bergere,
Si tu viens l'habiter,
Colin, dans sa chaumiere,
N'a rien à regretter.

Des champs, de la prairie
Retournant chaque soir,
Chaque soir plus chérie,
Je viendrai te revoir :
Du Soleil dans nos plaines
Devançant le retour,
Je charmerai mes peines
En chantant notre amour.

(On danse.)

LE DEVIN.

Il faut tous à-l'envi

Nous fignaler ici ;

Si je ne puis fauter ainfi ,

Je dirai pour ma part une Chanfon nouvelle.

(Il tire une chanfon de fa poche , & chante le premier couplet.)

I.

L'Art à l'Amour eft favorable ;

Et fans art l'Amour fait charmer ;

A la ville on eft plus aimable ,

Au village on fait mieux aimer :

Ah ! pour l'ordinaire

L'Amour ne fait guere ,

Ce qu'il permet, ce qu'il défend ;

C'eft un enfant, c'eft un enfant.

C O L I N répéte le refrein.

Ah ! pour l'ordinaire ,

L'Amour ne fait guere

Ce qu'il permet ce qu'il défend ;

C'eft un enfant, c'eft un enfant.

(Regardant la Chanfon.)

Elle a d'autres couplèts ; je la trouve affés belle.

C O L E T T E , avec emprèffement.

Voyons, voyons, nous chanterons auffi.

(Elle prend la Chanfon , & chante le couplet fuivant.)

I I.

Ici, de la simple Nature,
L'Amour fuit la naïveté ;
En d'autres lieux, de la parure
Il cherche l'éclat emprunté.
        Ah ! pour l'ordinaire,
        L'Amour ne fait guere
Ce qu'il permet, ce qu'il défend ;
C'eſt un enfant, c'eſt un enfant.

C H Œ U R.

C'eſt un enfant, c'eſt un enfant.

C O L I N

I I I.

A voltiger de belle en belle,
On perd ſouvent l'heureux inſtant ;
Souvent un berger trop fidele
Eſt moins aimé qu'un inconſtant.
        Ah ! pour l'ordinaire, &c.

C O L E T T E.

I V.

A ſon caprice on eſt en butte,
Il veut les ris, il veut les pleurs ;
Par les.... par les....

C O L I N, lui aidant à lire.

Par les rigueurs on le rebutte.

COLETTE.

COLETTE.
On l'affoiblit par les faveurs.

ENSEMBLE.
Ah ! pour l'ordinaire,
L'Amour ne fait guerre
Ce qu'il permet, ce qu'il défend ;
C'eſt un enfant, c'eſt un enfant.

CHŒUR.
C'eſt un enfant, c'eſt un enfant.

(On danſe.)

COLETTE, *alternativent avec le Chœur.*
Allons danſer ſous les ormeaux,
Animés-vous, jeunes fillettes :
Allons danſer ſous les ormeaux,
Galants, prenés vos chalumeaux.

COLETTE.
Répétons mille chanſonnettes,
Et pour avoir le cœur joyeux,
Danſons avec nos amoureux ;
Mais n'y reſtons jamais ſeulettes.

Allons danſer ſous les ormeaux, &c.
A la Ville on fait bien plus de fracas ;
Mais ſont-ils auſſi gais dans leurs ébats ?
Toûjours contents,
Toûjours chantants ;

Beauté fans fard,

Plaifir fans art ;

Tous leurs concerts valent-ils nos mufetes ?

Allons danfer fous les ormeaux, &c.

Une Contredanfe générale termine cet Intermede.

F I N.

A P P R O B A T I O N.

J Ai lû par ordre de Monfeigneur le Vice-Chancelier une réim-
preffion *du Devin du Village*, à Paris, ce 17 Juillet 1765.

DEMONCRIF.